Manfred Giebenhain, Armin Treusch

Odenwald genuss

Kulinarisches für Feinschmecker

Husum

Von Odenwälder Äckern und aus Odenwälder Gärten frisch auf den Tisch

Am Wochenende mal flugs in den Odenwald fahren, dort Handkäs' mit Musik oder hausgemachten Kochkäse essen. Ebenso auf dem Teller liegen ausladend große Scheiben frisch duftendes Bauernbrot und als Getränk kommt nur „ein Schoppe petze" in Frage. Vorher oder anschließend raus in die Natur: Vogelgezwitscher statt Fluglärm, Wanderschuhe statt Pumps, Rucksack anstelle von Handtasche, ausgestattet mit Wanderkarte oder Routen-App, und schon kann es losgehen, um den Odenwald zu genießen.

Wer in die sanfte Hügellandschaft zwischen Bergstraße, Main und Neckar eintaucht, lässt Autobahngeräusche hinter sich und hat vor sich ein waldreiches Mittelgebirge, das weder von Autobahnen noch durch größere Industrieansiedlungen in seiner natürlichen Struktur verändert wurde. Schmale Täler schlängeln sich zwischen sanften Hügeln und größeren Gebirgsketten hindurch und begleiten zahlreiche Bäche in die großen Flüsse Rhein, Main und Neckar. Kein Wunder also, dass der Odenwald und auch seine Küche besonders die Menschen aus den Ballungsräumen Rhein-Main und Rhein-Neckar, aber auch von weit darüber hinaus, magnetartig anzieht. Seinen kurvenreichen Strecken wegen wird der Odenwald besonders gerne auch von Motorradfahrern aufgesucht; mit zunehmender Tendenz auch von Mountainbikern. Ideenreiche Besitzer oder Pächter eines Dorfgasthauses oder Ausfluglokals haben den Trend erkannt und es verstanden, dass ihre Adresse sich zu einem beliebten Bikertreff entwickelt hat. Was die abwechslungsreiche Landschaft schon immer ausgezeichnet hat, wissen Wanderer zu schätzen. Insbesondere dem Odenwaldklub und seinen etlichen Ortsvereinen ist es zu verdanken, dass der Odenwald dank seines ausgedehnten kartografierten Streckennetzes sich zur beliebten Wanderregion entwickelt hat. Stellvertretend genannt werden dürfen an dieser Stelle die Qualitätsfernwanderwege Alemannenweg, Neckarsteig und Nibelungensteig. Was die Gäste bei der Einkehr anspricht, beschränkt sich nicht nur darauf, dass – was so mancher Wirt für sich in Anspruch nimmt – seine Schnitzel größer sind als die darunterliegenden Teller. Verlässlich nicht belegt ist auch die Behauptung, dass die Variante Kochkäs'schnitzel Odenwälder Ursprungs ist. Wer sich mit der Odenwälder Küche etwas näher beschäftigt, stellt fest, dass hier gar nicht „so dick aufgetragen" wird.

Zusammensetzung, Zubereitung und Geschmack Odenwälder Gerichte stehen in engem Zusammenhang mit der Herkunft der Zutaten und diese mit dem Boden, auf dem sie wachsen. Hervorgegangen ist der Odenwald aus dem Zusammenprall von zwei Urkontinenten vor rund 500 Millionen Jahren. Kristalliner Untergrund bringt ebenso wie der Buntsandstein nicht die fruchtbarsten Böden hervor. Muschelkalkformationen stehen für die geologische Entwicklung der Region nach Ende der Variszischen Gebirgsbildung vor rund 40 Millionen Jahren. Bis in die Sechzigerjahre des vorigen Jahrhunderts hinein standen Ackerbau und Viehzucht – ob im Vollerwerb oder im größeren Stil zur Selbstversorgung betrieben – an erster Stelle des Broterwerbs der Odenwälder Bevölkerung.

Auch die unebene Hügellandschaft mit Erhebungen zwischen 300 und 600 Metern (mit 626 m über NN ist der „Katzenbuckel" bei Eberbach am Neckar der höchste Berg des Odenwalds) hat maßgeblich Anteil daran, dass der Odenwald sich bis heute nicht in eine Agrar-Industrielandschaft verwandelt hat. Auf die größtenteils komplett mit Misch- und Nadelwäldern bewachsenen Bergkuppen folgen in den Tälern Streuobstwiesen und Ackerflächen, die zusammen ein abwechslungsreiches Landschaftsbild ergeben. An der sonnenverwöhnten Bergstraße, im Raum Groß-Umstadt und an den Berghängen entlang des Mains und des Neckars wachsen seit der Besiedlung durch die Römer um das Jahr 150 n. Chr. Weinstöcke. Die insgesamt von einem gemäßigten Klima begünstigte Region wurde 2002 zum Schutzgebiet der Vereinten Nationen erklärt und trägt seitdem den Titel „Geo-Naturpark Bergstraße-Odenwald".

Kulinarisch betrachtet ist erhalten geblieben: Von Odenwälder Äckern und aus Odenwälder Gärten frisch auf den Tisch.

Sagenhaft – natürlich aus der Region! Diese Intention setzen am konsequentesten in der Gastronomie die Betriebe der Kooperation „Odenwald-Gasthaus e.V." und in der Landwirtschaft die Mitglieder der „Odenwälder Direktvermarkter e.V." um. Bei beiden erhält man mit der größtmöglichen Sicherheit das, was man erwartet: echte Regionalität, saisonale Frische, kurze Wege und ursprünglichen Geschmack – eben ehrliche und authentische Odenwälder Lebensmittel. Zudem gibt es noch viele traditionell und handwerklich arbeitende Produzenten und Lebensmittelverarbeiter wie Metzgereien, Bäckereien, Mühlen, Keltereien, Brennereien, Molkereien und weitere Erzeuger. Die zunehmenden ökologischen Arbeitsweisen zeugen von Natürlichkeit und Umweltbewusstsein und unterstreichen das Engagement für Tradition und Region. Das alles lässt sich am besten unter dem Leitgedanken der weltweiten Initiative „Slow Food", die auch im Odenwald aktiv ist, zusammenfassen: gut, sauber und fair!

Genussvolles Essen und Trinken wird im Odenwald schon immer gepflegt. So haben sich um die wichtigsten Grundprodukte Kartoffel und Apfel unzählige Rezepte und Verarbeitungsmöglichkeiten entwickelt. Die seit 1991 stattfindenden „Odenwälder Kartoffelwochen" haben sich so zum kulinarischen Aushängeschild der Region etabliert und finden weit darüber hinaus eine hohe Beachtung. Mit traditionellen und kreativen Kartoffelgerichten zeigen die Köchinnen und Köche der teilnehmenden Gaststätten, was man aus Kartoffeln alles machen kann.

Bei dem kulinarischen Tausendsassa Apfel ist die Vielseitigkeit kaum zu überbieten. In der Küche können Äpfel für süße Speisen wie auch zu herzhaften Gerichten oder auch als Hauptzutat eingesetzt werden. Bei Getränken ist alles möglich – von Saft bis Wein, von Schaumwein bis Edelbrand. Das Landschaftsbild des Odenwaldes wird von vielen Tausend Apfelbäumen geprägt. Durch Initiativen wie „Förderverein Odenwälder Apfel e.V." wird das Bewusstsein und die Nachhaltigkeit wieder gestärkt und die Erneuerung und Pflege alter Bestände forciert.

Weitere Aktivitäten wie „Odenwälder Lammwochen" oder welche, die ihren Fokus auf Wild, Grünkern, Kräuter oder Bier legen, unterstreichen, dass die kulinarische Tradition hier eine hohe Wertschätzung erfährt. Diese ist eingebettet in die geschichtsträchtige Vergangenheit der Region, die damit am Leben gehalten wird. Davon zeugen auch die Sagen um die Nibelungen oder den Rodensteiner wie auch Histörchen und Geschichten aus längst vergangenen Tagen. Mit Leben gefüllt werden solche beispielsweise bei den „Reichelsheimer Märchen- und Sagentagen" und ähnlichen Veranstaltungen, die viele Interessierte in ihren Bann ziehen. Die vielen Burgen, Schlösser und Ruinen des Odenwaldes „erzählen" alle ihre eigenen Geschichten. Besonders geprägt hat die Region das Grafenhaus zu Erbach-Erbach. Graf Franz I. (1754–1823) etablierte die Elfenbeinschnitzkunst und stellte im Erbacher Schloss seine, heute noch zu bestaunenden, Sammlungen zusammen, in deren Mitte sich das gräfliche Leben abspielte. Seine besondere Aufmerksamkeit galt damals schon der nachhaltigen Verbesserung der Landwirtschaft und der Förderung von Handel, Handwerk und Verkehr.

Das gesellige Beisammensein und Feiern von Festen gehört im Odenwald zum festen Bestandteil des gesellschaftlichen Lebens, was auch heute noch gepflegt wird. In allen größeren Orten gibt es Jahrmärkte und Volksfeste wie z. B. der „Wiesenmarkt" in Erbach, der „Bienenmarkt" in Michelstadt oder die „Michaelismesse" in Miltenberg. In den Weinorten wie Heppenheim, Bensheim oder Groß-Umstadt stehen die Weinfeste für die gesellschaftlichen Höhepunkte.

Die Kooperation „Odenwald-Gasthaus“ ist ein Zusammenschluss von familiengeführten Gasthäusern, die sich eindeutig ihrer Heimat Odenwald verschrieben haben. Unter diesem Qualitätsbegriff werden die schmackhaften Produkte des Odenwaldes in den Mittelpunkt gerückt, denn alle wesentlichen Zutaten für die Speisen und Getränke stammen nachweislich aus der nahen Umgebung. Das garantiert Frische, ursprünglichen Geschmack und die Sicherheit über die Produkte – so wird der Odenwald schmeckbar. www.odenwald-gasthaus.de

Crêperoulade mit gebeizter Lachsforelle

Crêpeteig aus 150 g Mehl, 0,2 l Milch, 1 Ei und zum Braten Rapsöl. 250 g feste Crème fraîche, 2 EL Kräuter (Petersilie, Schnittlauch, Dill, Zitronenmelisse, Sauerampfer usw.), 250 g gebeizte Lachsforelle, 18 gekochte grüne Spargel – oder auch weiße, 2 EL Tomatenwürfel, einige Salatblätter und Wiesenkräuter (Sauerampfer, Spitzwegerich, Giersch, Löwenzahn), 2 EL kalt gepresstes Rapsöl, 2 EL feiner Weinessig, 6 TL Forellenkaviar, Salz, Pfeffer, Zucker

Aus Mehl, Milch und Ei einen dünnen Pfannkuchenteig machen. Mit Salz und Pfeffer abschmecken. Daraus dünne Pfannkuchen backen. Für den Kräuterschmand die Kräuter fein hacken und mit der Crème fraîche vermischen. Mit Salz und Pfeffer abschmecken. Die etwas erkalteten Pfannkuchen mit dem Kräuterschmand bestreichen. Die Lachsforelle in dünne Scheiben schneiden und darauflegen. Die Pfannkuchen fest zusammenrollen und ca. 2 Stunden kaltstellen. Zum Anrichten die Crêperollen in Scheiben schneiden. Aus Rapsöl, Weinessig, etwas Spargelfond, Salz, Pfeffer und Zucker eine Vinaigrette mischen. Die Spargelspitzen abschneiden und in der Vinaigrette ein paar Minuten marinieren. Dann auf den Tellern anrichten. Die restlichen Spargelstücke in Scheibchen schneiden und mit den Tomatenwürfeln ebenfalls ein paar Minuten in der Vinaigrette marinieren. Die Salat- und Wiesenkräuterblätter dekorativ anrichten. Darauf den Spargelsalat anrichten und die Vinaigrette über den Blättchen verteilen. Den Forellenkaviar dekorativ platzieren.

Die typischen Odenwälder Würste sind Blutwurst, Leberwurst und Schwartenmagen. Üblicherweise werden diese direkt vom noch schlachtwarmen Fleisch hergestellt. Damit bekommen die Würste erst den unvergleichlichen Geschmack. Natürlich hat jeder Metzger sein Geheimrezept der Gewürze. Die Würste werden sowohl frisch als auch geräuchert hergestellt. Durch das Räuchern bekommen sie den charakteristischen Geschmack und werden länger haltbar.

Marinierter Schwartemagen

720 g geräucherter Odenwälder Schwartemagen (dünn aufgeschnitten), 3 Gewürzgurken, 6 Radieschen, 2 rote Zwiebeln, 2 EL Apfelessig, 3 EL Öl (Raps, Sonnenblumenkern oder Walnuss), 1 TL grober Senf, Salz, Pfeffer, Zucker

Zunächst die Vinaigrette herstellen. Dafür Apfelessig, Öl und groben Senf verrühren und mit Salz, Pfeffer und einer Prise Zucker würzen. Die Zwiebeln schälen und in feine Streifen schneiden. In die Vinaigrette geben und $^1/_2$ Stunde marinieren lassen. Den Schwartemagen dekorativ auf Tellern oder einer großen Platte anrichten. Radieschen und Gurken in Scheibchen schneiden und auf dem Schwartemagen verteilen. Zum Schluss die Vinaigrette darübergeben. Am besten noch einige Minuten stehen lassen und dann servieren.

In der modernen Küche haben sich auch im Odenwald Rezepte aus anderen Ländern etabliert. Trotzdem versucht man diese mit heimischen Produkten zu kombinieren. Der italienische Klassiker Vitello tonnato wird hier nun nicht mit Thunfisch, sondern mit geräucherter Forelle zubereitet. So bekommen wir weitere interessante Geschmäcke auf den Tisch gezaubert und jeder kann nach seiner Inspiration neue kulinarische Akzente setzen.

Odenwälder Vitello

400 g Kalbsrücken, 120 g geräucherte Forelle (ohne Haut und Gräten), Raps- oder Sonnenblumenkernöl, 1 Limone, etwas Weißweinessig, Fleischbrühe nach Bedarf, 2 EL Schmand oder Crème fraîche oder Mayonnaise, 2 EL Kapern, 2 EL Tomatenwürfel oder Kirschtomaten, Salz, Pfeffer, Kräuter

Der Kalbsrücken kann in zwei Varianten gegart werden. Die Garzeit beträgt jeweils ca. 30 Minuten, je nach Dicke.

– in Fleischbrühe bei geringer Hitze gar ziehen lassen
– in Fett gut von allen Seiten anbraten, im vorgeheizten Ofen bei 120 °C gar ziehen lassen

Die geräucherte Forelle in ein Mixglas geben und mit Fleischbrühe fein mixen, so dass eine dickflüssige Soße entsteht. Limonenschalenabrieb, Limonensaft und etwas Kapernflüssigkeit zugeben. Schmand und 1 EL Öl zugeben und abschmecken. Den erkalteten Kalbsrücken in dünne Scheiben schneiden und auf Tellern verteilen. Das Fleisch mit der Fischsoße überziehen. Abgetropfte Kapern und Tomaten darüberstreuen.

Fisch beizen – wie geht das?
500 g Forellenfilet (ohne Haut und Gräten), 20 g Zucker, 40 g grobes Salz, 5 g Wacholderbeeren, 5 g Sternanis, 4 g Pfefferkörner weiß, 3 g Fenchelsamen
Das Beizen als ganzes Filet geht so: Salz, Zucker und die etwas zerstoßenen Gewürze vermischen. Die Hälfte dieser Mischung auf einer Platte ausstreuen, die ungefähr die Grundfläche des Fischfilets hat. Darauf das Filet mit der Hautseite nach oben legen. Die restliche Salz-Zucker-Mischung darüberstreuen, mit Frischhaltefolie abdecken und kaltstellen. Je nach Größe des Filets benötigt das 12 bis 36 Stunden.

Kartoffelwaffel mit Tatar von gebeizter Lachsforelle

200 g Mehl, 100 g Butter, $^1/_2$ TL Backpulver, 3 Eier, 200 ml Milch, 300 g Pellkartoffeln, Salz, Muskat.

Mehl und Backpulver vermischen und mit der Milch glattrühren. Die Eier und die flüssige Butter unterrühren. Zum Schluss die geriebenen Kartoffeln untermischen und abschmecken.

500 g gebeiztes Lachsforellenfilet (ohne Haut und Gräten), 3 EL Crème fraîche, 1 TL grober Senf

Das Lachsforellenfilet in feine Würfel schneiden. Mit Crème fraîche und Senf vermischen und in Nocken geformt anrichten.

enwald
asthaus
Edition

Im Odenwald wurden schon immer Ziegen gehalten. Allerdings meistens nur mit wenigen Tieren, die mit geringem Platz auskamen. In erster Linie war die Milcherzeugung das Ziel. Ziegenmilch ist ein gesundes und sehr wertvolles Lebensmittel mit besonderen Eigenschaften. Heute gibt es nur wenige Bauernhöfe, die gewerbsmäßig Ziegenmilch produzieren. Diese wird zum größten Teil als Käse verarbeitet. So gibt es mittlerweile von Ziegenquark bis Hartkäse alles, was das Feinschmeckerherz begehrt. Auch hier sollte die Jahreszeit beachtet werden, denn von November bis Mitte Februar wird die Milch von den neu geborenen Zicklein selbst benötigt.

Odenwälder Ziegenfrischkäse angemacht

600 g Ziegenfrischkäse, 50 g Walnüsse, 2 Schalotten, 1 EL Walnussöl, Salz, Pfeffer
18 grüne Spargel, einige Wiesenkräuter (Sauerampfer, Löwenzahn, Spitzwegerich), einige Blüten (Gänseblümchen, Borretsch, Kapuzinerkresse), 2 EL Weißweinessig, 3 EL Walnussöl, Salz, Pfeffer, Zucker

Die Schalotten fein würfeln, die Nüsse klein hacken. Beides mit dem Ziegenfrischkäse und Walnussöl vermischen und mit Salz und Pfeffer abschmecken.
Bei den grünen Spargeln nur den hellen Teil schälen. Leicht gesalzenes Wasser zum Kochen bringen und die Spargel darin 3–5 Minuten kochen lassen. Dann schnell mit kaltem Wasser abschrecken. Die Spargelenden in kurze Stücke schneiden, die Spitzen länger lassen. Mit Weißweinessig und Walnussöl eine Vinaigrette machen, diese mit Salz, Pfeffer und Zucker abschmecken und die Spargel darin marinieren.
Die Spargel dann anrichten, den angemachten Ziegenfrischkäse portionieren und mit Wiesenkräutern dekorieren. Die Vinaigrette über die Wiesenkräuter geben und wenn möglich ein paar Blüten daraufsetzen.

Schinken räuchern ist quasi die Königsdisziplin, um Fleisch haltbar zu machen. Das gehörte früher zum notwendigen Wintervorrat. Jeder hatte da so seine eigene Rezeptur mit der Salzmenge und den eventuell verwendeten Gewürzen. Den Unterschied machte dann auch noch das zum Räuchern verwendete Holz und wie lange und stark geräuchert wurde. Glücklich schätzen konnte sich der, der eine Wildschwein- oder Hirschkeule zum Räuchern bekommen konnte. Das war dann wirklich etwas ganz Besonderes!

Wildschweinschinken mit Apfel-Zwiebel-Chutney

200 g säuerliche Äpfel, 200 g Zwiebeln oder Schalotten, frische Ingwerwurzel,
2 EL Rapsöl, ca. 100 g Zucker, 4 EL Weißweinessig, Salz, Pfeffer
500 g Wildschweinschinken

Die Zwiebeln in feine, kurze Streifen schneiden und in Rapsöl andünsten. Die Äpfel in kleine Scheibchen schneiden und zu den Zwiebeln geben. Den Zucker darübergeben und weiter andünsten, bis es leicht zu karamellisieren beginnt. Mit dem Essig übergießen und schnell aufkochen lassen. Umrühren und mit Salz und Pfeffer abschmecken. Wer es scharf mag, kann zu den Zwiebeln ganz fein gewürfelte frische Ingwerwurzeln geben. Heiß in Gläser füllen und einige Tage im Kühlschrank reifen lassen.
Den Wildschweinschinken dünn aufschneiden und mit einigen angemachten Salatblättern anrichten. Das Chutney dazugeben oder separat anrichten.

Was ist der Odenwälder Handkäs'?
Der Odenwälder Handkäs' ist schon ein besonderer Käse. Er wird nicht wie der Hessische Handkäse aus Sauermilchquark hergestellt, sondern wie der Elsässer Munster aus frischer Milch, die mit Lab dickgelegt wird. Zum Reifen wird er mit einer Rotschmiere versehen und erhält damit seinen herzhaften Charakter. Da er früher oft als zweites Frühstück gegessen wurde, hat er den Namen „Odenwälder Frühstückskäse" erhalten. Unter diesem Begriff ist er einer der ganz wenigen deutschen Käse, die seit 1997 die höchste EU-Herkunftsbezeichnung „g. U." (geschützter Ursprung) führen dürfen.

Odenwälder Handkäs' mit Apfel-Musik

6 Odenwälder Frühstückskäse oder die edlere Version: der Hüttenthaler (Weichkäse 45 % nach Münsterart)
2 Äpfel, am besten Boskop, 300 g rote Zwiebelwürfel, 60 g gehackte Walnüsse,
6 EL Apfelessig, 6 EL Sonnenblumenkernöl oder Walnussöl, Pfeffer, Salz, etwas Zucker

Das Kerngehäuse der Äpfel entfernen und die Äpfel mit Schale in Würfel schneiden. Die Apfel- und Zwiebelwürfel mit Apfelessig, Öl, Salz, Pfeffer und Zucker vermischen und über den Handkäs' geben. Darüber die gehackten Walnüsse streuen.

Apfel

Der Kochkäs' ist eines der beliebtesten Klassiker bei der Wanderer-Einkehr.

Am besten schmeckt er mit einem kräftigen Bauern- oder Roggenbrot. Gerne wird auch Kümmel darübergestreut oder mit „Musik" serviert.

Den Kochkäse kann man auch noch mit Eigelb, Sahne, Handkäse oder anderem kräftig schmeckenden Käse nach eigenem Geschmack ergänzen.

Odenwälder Kochkäs'

1 kg Schichtkäse, 40 g Butter, ca. 100 ml Milch, 2 TL Natron, Salz

Den Schichtkäse in einem Tuch auf ein Sieb geben und zugedeckt über Nacht abtropfen lassen. In eine Schüssel füllen, die gut auf einen Topf als Wasserbad passt. Den Schichtkäse mit Natron und Milch gut verrühren. Mit einem Tuch abdecken und an einer warmen Stelle etwa 2–3 Stunden ziehen lassen. Ab und zu umrühren. Der Schichtkäse sollte jetzt schon etwas glasig werden. Das Wasserbad auf ca. 70 °C erhitzen und die Schüssel daraufhängen. Die Butter zugeben und mit etwas Salz würzen. Jetzt mit einem Rührlöffel rühren, bis der Schichtkäse zu einer glatten Creme geworden ist. Abgedeckt kaltstellen.

ODENWÄLDER
SEIT 1780
WEICHES ODENWÄLDER WASSER
ODENWÄLDER
HELL

Sauerkraut machen

Zur traditionellen Vorratshaltung im Winter gehört Gemüse mit Milchsäurevergärung. Dafür wurde hauptsächlich Weißkraut verwendet, woraus das Sauerkraut entsteht. Es werden Krautköpfe auf einem großen Hobel in feine Streifen gehobelt, mit Salz vermischt und in einen großen Tontopf, den „Krautständer", gefüllt. Mit dem Krautstampfer wird das Kraut dabei fest eingestampft, so dass es Flüssigkeit abgibt. Es wird ein schwerer Deckel aufgelegt, damit die Flüssigkeit über dem Kraut steht. Kalt gestellt wird in 4–6 Wochen aus dem Weißkraut nun das Sauerkraut.

Kartoffel-Sauerkrautsupp' mit gebackener Blutwurst

400 g Kartoffeln, geschält, 2 EL Zwiebelwürfel, 30 g Butter, Salz, Muskat, 0,2 l Apfelwein, 200 g gegartes Sauerkraut, 0,2 l Sahne
180 g frische geräucherte Blutwurst, 1 Ei, Mehl, Semmelbrösel, Bratfett

Kartoffeln in Stücke schneiden. Die Zwiebelwürfel in der Butter andünsten und die Kartoffeln dazugeben. Mit Apfelwein und etwa 0,3 l Wasser auffüllen, würzen und leicht kochen lassen, bis die Kartoffeln weich sind. Dann am besten mit einem Pürierstab fein pürieren. Eventuell durch ein feines Sieb passieren. Das gegarte Sauerkraut etwas kleiner schneiden und ca. 3 Minuten in der Suppe kochen lassen. Die Sahne in die Suppe geben, aufkochen und nochmals abschmecken.
Von der Blutwurst die Haut abschneiden und die Wurst in 12 gleich große Stücke schneiden. Diese in dem Mehl wenden. Die Wurststücke dann durch das zerschlagene Ei ziehen und mit den Semmelbröseln panieren. Kurz vor dem Servieren die Blutwurst in schwimmendem Fett knusprig backen und auf der Suppe anrichten.

Grünkern – das Superfood aus dem Odenwald
Grünkern ist das Anfang Juli unreif geerntete Korn der Urgetreidesorte „Dinkel". Es wird dann über Buchenholzfeuer gedarrt. Durch diese traditionelle Verarbeitung erhält der Grünkern eine leicht rauchige Note – ein besonderes Aroma. Die Körner werden geschrotet – nach Belieben mehr oder weniger fein. Grünkern lässt sich aber auch als ganzes Korn wie Reis verwenden, deshalb auch „badischer Reis" genannt. Wegen des hohen Gehalts von Vitamin B, Magnesium, Phosphor und Eisen gilt Grünkern als besonders wertvoll und kommt zudem weitgehend ohne Pflanzenschutzmittel aus.
Im „Odenwälder Freilandmuseum Gottersdorf" findet immer Anfang Juli das Grünkernfest statt.

Odenwälder Grünkernsuppe mit Grießklößchen

1,2 l Fleisch- oder Gemüsebrühe, 1 EL Butter, 100 g Grünkernschrot, Salz, Pfeffer, Muskat

Die Butter in einem Topf zerlaufen lassen, das Grünkernschrot zugeben und leicht anrösten. Mit der Brühe aufgießen und einmal aufkochen lassen. Die Suppe würzen und ca. 1 Stunde stehen lassen, bis der Grünkern gequollen ist. Danach nochmals gut durchkochen und abschmecken. Beim Anrichten mit gehackter Petersilie bestreuen.

Grießklößchen

15 g Butter, 0,2 l Milch, 75 g Grieß, 1 Ei, Salz, Muskat

Milch und Butter aufkochen, den Grieß zugeben und schnell glattrühren. Auf kleinster Hitze den Grieß quellen lassen. Dabei öfter umrühren und würzen. Dann etwas abkühlen lassen und das Ei unterheben. Abschmecken. Die Klößchen werden mit einem Löffel abgestochen und in Salzwasser gegart.

Zum Speisenplan der Woche gehörte im Odenwald an Samstagen immer ein Eintopf, auch „dick' Supp'" genannt. Oft bestand er aus viel Gemüse, eben was im Garten gerade verfügbar war. Ergänzt wurde der Eintopf mit gekochtem Rind- oder Schweinefleisch oder mit frischen Würstchen. Die frische Fleischwurst war dann oft schon etwas Besonderes.

Quer dorsch de Gaade – Gemüse-Eintopf mit Fleischwurst

Für 6 Personen

500 g geschälte Kartoffeln, 100 g Karotten, 100 g Sellerie, 100 g Lauch, 100 g Zwiebeln, Rapsöl, 1 l Fleisch- oder Gemüsebrühe, 400 g Fleischwurst, Blattpetersilie, Salz, Pfeffer, Muskat

Kartoffeln, Karotten, Sellerie und Zwiebeln in ca. 1 cm große Würfel schneiden. Lauch in Streifen schneiden. Alles zusammen in einem großen Topf in Rapsöl gut andünsten. Mit der Brühe auffüllen, aufkochen lassen und dabei mit Salz, Pfeffer und Muskat abschmecken. Einige Minuten leicht kochen lassen, bis das Gemüse noch einen leichten Biss hat. Die Fleischwurst dabei in der Suppe heiß werden lassen. Die Suppe dann anrichten, die Fleischwurst aufschneiden und daraufsetzen und mit fein gehackter Petersilie bestreut servieren. Dazu passt am besten ein herzhaftes Bauernbrot.

Groß Umstadt – die Odenwälder Weininsel, ist Teil des Anbaugebietes „Hessische Bergstraße". Die Weine von dort sind eine ausgesprochene Rarität, da sie kaum aus der Region herauskommen. Die Geschichte allerdings beginnt schon mit den Römern, vermutlich schon im 2. Jahrhundert als Siedlung „autmundisstat". Der Charakter der Weine ist eher fränkisch und durchweg herzhaft, würzig und kernig. Neben den traditionellen Weißweinen gibt es auch Rotweine mit beachtlicher Qualität. Die historische Altstadt mit großem Marktplatz zeigt mit stattlichen Herrschaftshäusern und schmucken Fachwerkhäusern die geschichtliche Bedeutung.

Lachsforellenschnitzel auf Spargelgemüs'

750 g Lachsforellenfilet ohne Haut und Gräten, 2 Eier, 600 g kalte Pellkartoffeln, 2 EL frische fein gehackte Kräuter, Mehl, Salz, Pfeffer, Butter und Rapsöl
18 weiße Spargel, 30 g Butter, 1 EL Zwiebelwürfel, 0,2 l Riesling, 100 g Crème fraîche, Salz, Pfeffer

Das Lachsforellenfilet flach-schräg in ca. 2 cm dicke Schnitzel schneiden. Diese würzen und in Mehl wenden. Die Eier zerschlagen, die Pellkartoffeln raspeln und mit den Kräutern vermischen. Auf den Schnitzelchen die Hälfte der Masse verteilen und flach drücken. Dann umdrehen und die restliche Masse ebenso verteilen. In einer heißen Pfanne mit Butter und Rapsöl von beiden Seiten goldbraun braten.
Die geschälten Spargel kochen und danach in 3 cm lange Stücke schneiden. Die Zwiebelwürfel in der Butter andünsten und mit der Crème fraîche, Weißwein und der gleichen Menge Spargelfond aufgießen. Dies zu einer sämigen Soße verkochen lassen. Die Spargelstücken zugeben, heiß werden lassen und abschmecken.

Kochen mit Apfelwein – geht das überhaupt? Ja, und es geht sogar sehr gut. Überraschenderweise ist gekochter Apfelwein gar nicht mehr so sauer. Er entwickelt eher einen fruchtigen Geschmack mit feiner Säure. Wenn dann Gemüse, Zwiebeln und Kartoffeln im Spiel sind, passt das sehr gut zusammen. So sind alle Rezepte, in denen Weißwein verwendet wird, ohne Problem mit Apfelwein zu kochen.

Bachforelle aus dem Apfelwein-Gemüsesud

6 Bachforellen à ca. 250 – 300 g, je 300 g Karotten, Lauch, Sellerie, 30 g Butter, 1 Liter Apfelwein, 1–2 Lorbeerblatt, 10 Pfefferkörner, 6 Nelken, Salz
1 Limette, flüssige Butter

Bei den Forellen zunächst unter fließendem Wasser den Bauchraum auswaschen, so dass der Hautschleim aber nicht entfernt wird.
Das Gemüse in gleichmäßige Streifen schneiden und diese in einem größeren Topf in Butter andünsten. Den Apfelwein zugeben und aufkochen. Lorbeerblätter, Pfefferkörner und Nelken in ein Tee-Ei stecken und zugeben. Mit Salz würzen. Die Forellen in den kochenden Sud geben, schnell aufkochen und dann bei geringer Hitze 15–20 Minuten garziehen.
Die Forellen anrichten, das Gemüse darüber geben und mit Limettenscheiben belegen. Mit flüssiger Butter und frisch gekochten Kartoffeln servieren.

Fische aus dem Odenwald
Eigentlich ist der Odenwald keine Fischregion, weil es keine großen natürlichen Wasserflächen gab und die Fischereirechte der Bachläufe verpachtet sind. Erst in von Menschenhand geschaffenen Seen konnten größere Fischmengen, in der Regel Regenbogenforellen, erzielt werden. So gibt es auch kaum traditionelle Fischgerichte. Heute bestehen einige Fischzuchtbetriebe mit eigenen Teichen, die verschiedene Fische anbieten: Bachforelle, Regenbogenforelle, Lachsforelle, Bachsaibling, Stör oder Karpfen. Die Fische sind frisch sowie geräuchert zu bekommen. Der kurze Transportweg und die Frische sichern eine hervorragende Qualität.

Bachsaibling mit Speck, Zwiebeln und Salbei gebraten

6 Bachsaiblinge à 250–300 g oder als Filet 1 kg ohne Gräten, 350 g Zwiebeln, 150 g Dörrfleischscheiben (Bauchspeck), 1 Bund Salbei oder ca. 30 Blättchen, Rapsöl, 50 g Butter, Salz, Pfeffer

Die Zwiebeln schälen und in Streifen schneiden. Die Dörrfleischscheiben ebenfalls in Streifen schneiden. Wenn große Saiblinge verwendet werden, die Filets entsprechend portionieren. Bei Portionsfischen diese an den dicksten Stellen etwas einschneiden. Dann die Fische würzen und in einer großen Pfanne in Rapsöl anbraten. Aus der Pfanne nehmen und jetzt in der Pfanne die Zwiebel- und Dörrfleischstreifen anbraten. Wenn die Zwiebeln Farbe bekommen, Salbei und Butter zugeben und die Fische darauflegen. Bei etwas reduzierter Hitze, je nach Stärke in 5–15 Minuten fertig garen. Einfacher ist es, das Ganze im vorgeheizten Ofen bei 150 °C gar ziehen zu lassen.
Mit Salzkartoffeln, Schwenkkartoffeln oder Herzoginkartoffeln sowie einem frischen Salat servieren.

Spargel – das königliche Gemüse –
wächst natürlich nicht im Odenwald, sondern an den Rändern in den flachen Ebenen der Bergstraße und um Groß-Umstadt. Hier sind die Böden sandiger und für den Spargelanbau besser geeignet. Auch ist hier das Klima deutlich wärmer. Umso begehrter ist er für die Odenwälder und jedes Jahr wird auf den Beginn der Spargelzeit sehnsüchtig gewartet.

Spargel mit Apfelwein-Hollandaise

2,5 kg Spargel, Salz, Zucker, 20 g Butter
9 Eigelbe, $^1/_4$ l fruchtiger Apfelwein, 250 g Butter, Salz, Pfeffer, 1 Messerspitze Chili gemahlen, Saft von $^1/_2$ Limette

Butter in einem größeren Topf bei geringer Hitze zum Kochen bringen. Man lässt so lange leicht kochen, bis der Schaum verschwindet. Dann sofort vom Herd nehmen und den Topf zum schnellen Abkühlen kurz in kaltes Wasser stellen. Die klare Butter von den festen Stoffen abschütten.
Die Eigelbe mit dem Apfelwein in einer Schüssel auf einem Wasserbad aufschlagen, so dass dabei eine cremige Soße entsteht. Falls es zu heiß wird, die Schüssel schnell in kaltem Wasser abkühlen. Jetzt wird die geklärte Butter löffelweise untergerührt. Die Butter sollte ca. 60 °C haben. Dann noch mal mit Salz und Pfeffer abschmecken.
Der weiße Spargel wird komplett geschält, bis auf die Spitze. Wasser mit Salz und wenig Zucker würzen, Butter dazugeben und aufkochen. Die Spargel in den kochenden Sud geben und schnell wieder zum Kochen bringen. 10 Minuten Kochzeit sollten reichen.
Der Spargel kann vorgekocht werden. Dann so kochen, dass er noch ca. 2–3 Minuten benötigt, wenn er im kochenden Fond wieder erhitzt wird.

Von der Weide auf den Teller – Odenwälder Weiderind
Lange Zeit war die Milcherzeugung vorherrschend und das Fleisch eher Nebenprodukt. Doch für eine gut Fleischqualität ist es notwendig, die Tiere dafür entsprechend zu halten. Das bedeutet, Weidehaltung mit viel Bewegung und entsprechendem Futter, sowie kurze Wege zum Schlachten. Mittlerweile haben sich viele Landwirte darauf eingestellt und ebenfalls gibt es viele Metzgereien, die Wert auf dieses Fleisch legen. So ist rund ums Jahr eine hohe Qualität an regionalem Rindfleisch verfügbar.

Rinderbäckchen in Rotwein geschmort

900 g Rinderbäckchen, 0,2 kg Mire poix (Zwiebeln, Karotten, Sellerie, Petersilienwurzel, Lauch), Gewürze (Pfeffer, Wacholder, Nelke, Lorbeer), 60 g Tomatenmark, 0,3 l Rotwein, Wasser, Salz, Pfeffer

Die Rinderbäckchen von Sehnen und Fett befreien, würzen und in Fett gut anbraten. Das Mire poix dazugeben und mit anrösten. Dann die Hitze etwas reduzieren und Tomatenmark zugeben. Dieses mitrösten, aber vorsichtig. Wenn das Tomatenmark eine bräunliche Farbe angenommen hat, mit Rotwein ablöschen und mit Wasser auffüllen. Das Ganze ca. 2–3 Stunden ganz leicht kochen lassen. Das Fleisch zum Ende der Garzeit öfter prüfen und weiche Stücke eventuell früher rausnehmen. Ohne Fleisch das Gemüse in der Soße mit einem Zauberstab pürieren und durch ein Sieb passieren. Abschmecken.

Süßsaure Zwetschgen

1 kg Zwetschgen waschen und mit einer Nadel mehrmals einstechen. 0,5 l Weinessig, 0,5 l Apfelwein und 0,5 kg Zucker mit 3 Stangen Zimt, 20 Nelken und 3 Sternanis aufkochen. Die Zwetschgen zugeben und schnell aufkochen. Sofort in Gläser füllen und diese verschließen.

Die Zwetschgen serviert man zu gekochtem Rindfleisch mit Meerrettich wie auch zu kaltem Wildbraten oder Wildschinken. Auf die gleiche Art kann man auch Kürbis zubereiten.

Gekochtes Rindfleisch mit Meerrettich

1 kg Rinderbrust kochfertig, 100 g Karotten, 100 g Sellerie, 100 g Lauch, 1 Zwiebel, 2 Stängel Blattpetersilie, einige Blätter Liebstöckel, Salz, Pfeffer
1 Zwiebel, 200 g Karotten, 200 g Sellerie, 200 g Lauch, 20 g Butter, $^1/_2$ l Fleischbrühe, 0,25 l Sahne, 2 Brötchen, 100 g frischer Meerrettich, Salz, Pfeffer

Wasser in einem Topf zum Kochen bringen, so dass das Rindfleisch gut bedeckt ist. Die Zwiebel quer halbieren und in einer trockenen Pfanne auf der Schnittfläche sehr dunkel anrösten. Karotten, Sellerie, Lauch, geröstete Zwiebel, Petersilie und Liebstöckel zugeben. Mit Salz und Pfeffer würzen. Nach dem Aufkochen bei geringer Hitze ca. 2 Stunden leicht kochen lassen.
Die Zwiebel in Würfel schneiden. Karotten, Sellerie und Lauch in Streifen schneiden. Gemüse mit der Butter in einem Topf anschwitzen. Dann Fleischbrühe und Sahne angießen. Kochen lassen, bis das Gemüse noch etwas Biss hat. Die Brötchen in kleine Würfel schneiden und in den Sud geben. Noch etwas mitkochen lassen und eventuell mit einem Schneebesen die Brötchenwürfel verrühren. Den Meerrettich fein raspeln und jetzt in die Soße geben. Mit Salz und Pfeffer abschmecken. Zum Anrichten das Fleisch in Scheiben schneiden und die Soße darübergeben.

Die Tradition der Odenwälder Brauereien reicht mehrere Jahrhunderte zurück. So gab es in jedem größeren Ort oft mehrere Brauereien, meist in Verbindung mit einer Gaststätte. Daraus etablierten sich größere eigenständige Brauereien, von denen nur noch wenige übrig geblieben sind. Neu entwickelten sich wieder Brauereigaststätten, die mit ihren handwerklich gebrauten Bieren eine regionale Besonderheit darstellen. Für alle gilt ein nicht verzichtbares Qualitätsmerkmal: das Odenwälder Wasser. Mit seiner außergewöhnlichen Weichheit eignet es sich hervorragend zum Bierbrauen. Die Vielfalt der Odenwälder Biere – von Pils bis Schwarzbier, von Landbier bis Weizenbock – lässt die Herzen der Bierfreunde höherschlagen!

Odenwälder Rinderroulade in Schwarzbiersoße

6 Rinderrouladen á 200 g, 6 Scheiben Dörrfleisch, 3 Gewürzgurken, 1 Zwiebel, 2 EL Senf, Salz, Pfeffer, Rapsöl, 250 g Mire poix (Zwiebeln, Karotten, Lauch, Sellerie), 2 EL Tomatenmark, $^1/_2$ l Schwarzbier

Rouladen ausbreiten und mit Salz und Pfeffer würzen. Mit Senf bestreichen und Speck in die Mitte legen. Die Zwiebel in feine Streifen schneiden und die Gurken halbieren. Eine halbe Gurke und Zwiebelstreifen auf das spitzere Ende der Roulade legen. Von da aus beginnend aufrollen und mit einem Spieß zustecken. Dann in heißem Fett anbraten und wieder herausnehmen. Das in Würfel geschnittene Mire poix zugeben und gut braun werden lassen. Tomatenmark zugeben und ebenfalls rösten, bis es schön braun ist. Rouladen wieder dazugeben und mit dem Bier und Wasser begießen, so dass sie fast bedeckt sind. Die Soße mit Salz und Pfeffer würzen. Den Topf zudecken und leicht kochen lassen. Ab und zu die Rouladen umdrehen und dabei den Garpunkt beobachten. Wenn alle Rouladen gut sind, herausnehmen und die Soße mit einem Pürierstab mixen. Die Soße durch ein Sieb drücken, so dass möglichst das ganze Gemüse durch ist. Damit wird die Soße gebunden. Abschmecken.

Pilze aus Wald und Zucht
In einem Waldgebirge wie dem Odenwald gehören in der Natur gewachsene Pilze auch zur saisonalen Küche. Allerdings sind diese sehr von der Witterung abhängig. Die am meisten vorkommenden Speisepilze sind Steinpilze, Pfifferlinge, Maronen, Krause Glucken oder Semmelstoppelpilze. Allerdings sollte man nur die Pilze sammeln, die man auch wirklich kennt. Aber auch Zuchtpilze wie Champignons, Austernseitling, Shiitake oder Kräuterseitling sind zu haben. Insbesondere durch den hohen Gehalt an Glutaminsäure sind sie geschmacksverstärkend und bereichern jede Soße oder Ragout.

Wildschweinschnitzel mit Pfifferlingen

700 g Wildschweinfleisch von Rücken oder Keule (ohne Knochen, Fett und Sehnen),
Butter, Salz, Pfeffer, Mehl, 2 Eier, Semmelbrösel, Kürbiskerne
360 g frische Pfifferlinge, 20 g Butter, Salz, Pfeffer, 1 kleine Zwiebel, 150 g Schmand,
0,1 l Weißwein, 2 EL gehackte Kräuter – Petersilie, Schnittlauch, Oregano, Thymian

Das Fleisch in kleine Schnitzel schneiden. Plattieren und mit Salz und Pfeffer würzen. Kürbiskerne klein hacken und mit der gleichen Menge Semmelbrösel vermischen. Die Schnitzel zuerst im Mehl wenden, dann durch das zerschlagene Ei ziehen und mit der Kürbiskern-Semmelbrösel-Mischung panieren. In Butter knusprig braten.
Die Pfifferlinge putzen und waschen. Zwiebel in feine Würfel schneiden und mit Butter in einem größeren flachen Topf anschwitzen. Dann die Pfifferlinge zugeben und noch einige Minuten weiter anschwitzen. Die Pilze mit Salz und Pfeffer würzen und Weißwein und Schmand zugeben. Gut durchkochen lassen und nochmals abschmecken. Kurz vor dem Anrichten die Kräuter in die Soße geben.

Rezepte von Wildgerichten wird man in der traditionellen Odenwaldküche kaum finden, denn das Jagen war vom Mittelalter an das Privileg der Adligen. Heute werden hauptsächlich Reh, Hirsch und Wildschwein gejagt. Hasen und Fasane gibt es kaum noch, ab und zu Wildenten. Hierbei spielen die Schonzeiten der Tiere eine Rolle, woraus sich ergibt, dass nicht immer alle Wildarten verfügbar sind. Wichtig bei der Zubereitung ist, das Alter des Tieres zu beachten und, dass das Fleisch entsprechend gereift ist. Gerade beim Wild ist der Geschmack des Fleisches von der Herkunft geprägt, den Kräuter, Wildpflanzen und -gräser beeinflussen. Damit gehören Wildgerichte immer zu den Delikatessen und besonders wertvollen Speisen.

Rehragout mit Weckklöß'

1 kg Rehfleisch aus Schulter, Hals oder Keule, 150 g Zwiebeln, 150 g Karotten, Lauch und Sellerie, 60 g Tomatenmark, 0,5 l Rotwein, Pfefferkörner, Nelke, Wacholder, Lorbeer, Piment, 200 g Dörrobst, Rapsöl, Salz, Pfeffer

Das Fleisch in grobe Würfel schneiden und in einem großen Topf oder Bräter im heißen Fett anbraten. Wenn das Fleisch zu viel Flüssigkeit zieht, diese abschöpfen oder verkochen lassen. Ist das Fleisch gut angebraten, die in Streifen geschnittenen Zwiebeln und das Gemüse zugeben und mit anbraten lassen. Dann das Tomatenmark zugeben und mit etwas Wasser ablöschen. Dieses wieder einkochen lassen. Dabei soll das Tomatenmark braun werden und den Tomatengeschmack verlieren. Dann mit Rotwein und Wasser aufgießen, würzen und die Gewürze in einem Gewürzbeutel zugeben. Schnell aufkochen lassen und bei kleiner Hitze ca. 1–2,5 Stunden ziehen lassen.

Dörrobst in kleine Stücke schneiden und im Ragout noch 15 Minuten ziehen lassen. Vor dem Anrichten abschmecken.

Weinregion Hessische Bergstraße
Das Anbaugebiet an den Westhängen des Odenwaldes ist das kleinste deutsche Anbaugebiet. Auch hier begannen die Römer vor 2000 Jahren bereits mit dem Anbau von Reben. Die Wingerte sind auf sehr kleinen Flächen mit vielen unterschiedlichen Böden und etwa ein Viertel in sehr steilen Lagen. Somit ergibt sich eine große Rebsortenvielfalt und die komplette Bandbreite der Qualitätsstufen bis hin zum Eiswein, allerdings meist mit kleinen Produktionsmengen. Deswegen hat der Bergsträßer Wein keine große Verbreitung und gilt eher als Geheimtipp.

Schweinebraten mit Kruste auf Rotwein-Senfsoße

1 kg Schweineschulter mit Schwarte, 100 g Karotten, 100 g Zwiebeln, 100 g Lauch, 100 g Sellerie, etwas Rapsöl, Salz, Pfeffer, 0,2 l Bergsträßer Rotwein, 0,5 l braune Grundsoße, 1 EL grober Senf

Karotten, Lauch, Zwiebeln und Sellerie in Streifen schneiden und mit etwas Rapsöl in einen Bräter geben. Die Schweineschulter mit Salz und Pfeffer würzen und mit der Schwarte nach unten auf das Gemüse setzen. Im vorgeheizten Backofen bei 160 °C 1 Stunde garen. Dann herausnehmen, die Schweineschulter umdrehen und die Schwarte mit einem scharfen Messer rautenförmig einritzen. Danach noch mal 1 Stunde in den Ofen schieben. Wer es knuspriger mag, zum Schluss die Oberhitze etwas erhöhen. Wenn das Fleisch gut ist, herausnehmen und warm stellen. Den Bratensatz mit dem Rotwein ablöschen und mit der Grundsoße angießen. Einige Minuten kochen lassen und dann durch ein Sieb passieren. Den Senf in die Soße geben und nochmals abschmecken.
Dazu passen sehr gut gebratene Kartoffeltaler oder Kartoffelkroketten sowie frisches Gemüse der Jahreszeit wie z. B. geschmortes Weißkraut.

Odenwald
Gasthaus
trocken Edition

Odenwälder Kartoffelwochen

Seit 1991 laden viele Odenwälder Gaststätten Ende September bis Anfang Oktober zu den „Odenwälder Kartoffelwochen“ ein. Traditionelle Gerichte und moderne Kreationen aus und mit Kartoffeln zeigen die kulinarische Vielfalt und begeistern die Gäste. Die Kartoffel spielte in der Ernährung der Odenwälder eine beachtliche Rolle mit einer Vielzahl an Kartoffelgerichten, die insbesondere in den Wintermonaten von großer Bedeutung waren. Mit einer festlichen Eröffnungsveranstaltung , einem raffinierten und genussreichen Menü und einem unterhaltsamen Programm werden die „Odenwälder Kartoffelwochen“ eingeläutet. Bei vielen Anlässen begrüßt die „Odenwälder Kartoffelkönigin“ und wirbt für den Odenwald, die Kartoffel und die beteiligten Gaststätten.

Kartoffelklöß' mit Leberwurst gefüllt, auf Apfelwein-Sauerkraut

0,8 kg Pellkartoffeln vom Vortag, 2–3 Eier, ca. 3 EL Stärke, ca. 60 g Mehl, Salz, Muskat, 50 g Butter, 500 g frische Leberwurst, Bröselbutter ($^{2}/_{3}$ Butter und $^{1}/_{3}$ Semmelbrösel kurz erhitzt)

Die Leberwurst in 18 gleich große Stücke teilen.
Die Pellkartoffeln durch die feine Scheibe des Fleischwolfs lassen oder fein raspeln. Mit Eiern, Mehl, Stärke, Salz und Muskat verkneten. Daraus dann 18 Klöße formen. Dafür jeweils ca. 60 g Masse in die Hand nehmen und in deren Mitte die Leberwurst platzieren. Gut zusammenrollen und in Mehl wenden. Salzwasser aufkochen und die Klöße reingeben. Schnell aufkochen lassen. Wenn alle oben schwimmen, bei geringer Hitze ca. 10 Minuten gar ziehen lassen. Die angerichteten Klöße mit etwas Bröselbutter überziehen.

800 g gekochtes Sauerkraut, 1 kleine Zwiebel, 20 g Butter, $^{1}/_{2}$ l Apfelwein, Salz, Zucker, 100 g Schmand

Die Zwiebel in feine Würfel schneiden und in der Butter andünsten. Das Sauerkraut zugeben und mit dem Apfelwein ablöschen. Mit wenig Salz und Zucker (nach eigenem Geschmack) würzen und aufkochen. Den Schmand unterrühren, kurz kräftig kochen lassen und dabei noch mal abschmecken.

Regionale Traditionsgerichte bestehen immer hauptsächlich aus in größeren Mengen verfügbaren Grundnahrungsmitteln. Das sind im Odenwald eindeutig Kartoffel und Apfel. So entstand eine ganze Reihe von unterschiedlichen Gerichten, die zunächst von Familie zu Familie weitere Unterschiede aufweisen. Der Klassiker „Himmel und Erd'" wird daher auch mal mit Birnen zubereitet. Oder es gibt die Äpfel als Schnitze. Ober beides als Brei gestampft. Entwickelt haben sich so zusätzliche interessante Geschmacksnuancen.

Himmel un' Erd'

600 g geschälte Kartoffeln, ca. 0,4 l Milch, 20 g Butter, Salz, Muskat
400 g geräucherte Blutwurst, 400 g Zwiebelstreifen, Rapsöl
500 g Apfelbrei (Rezept Seite 76)

Die Kartoffeln in Wasser kochen, abschütten und gut abdämpfen lassen. Durch die Presse drücken, mit der heißen Milch, Butter, Salz und Muskat vermischen und abschmecken.
Die Zwiebelstreifen in Rapsöl leicht anbraten.
Die Blutwurst in Scheiben schneiden und in einer Pfanne von beiden Seiten anbraten.
Kartoffelbrei und Apfelbrei anrichten, die gebratene Blutwurst darauf anrichten und die Zwiebeln darübergeben.

2014
Reichelsheimer
Weinapfel
Reichelsheimer Michelbach
0,75 L
8 % Vol

Das Einlegen von Fleisch in eine Salzlake gehörte früher zum üblichen Repertoire der Fleischbevorratung. Die Lake wird aus Wasser, Pökelsalz (100–200 g auf 1 l Wasser), Zucker und eventuell weiteren Gewürzen hergestellt, in der das Fleisch eingelegt wird. Damit lässt das Fleisch sich nicht nur länger aufbewahren, sondern es bekommt beim Garen eine charakteristische rote Farbe und einen würzigen Geschmack. Hauptsächlich wird dafür Schweinefleisch verwendet.

Gekochtes Lakefleisch mit Salzbohnen

1 kg gepökelter Schweinekamm oder -schulter, 1 kleine Zwiebel, 1 Karotte, 1 kleiner Lauch, 3 Stängel Blattpetersilie, Salz, Pfeffer
900 g Salzbohnen (saure Bohnen, eingemacht wie Sauerkraut), 1 mittelgroße Zwiebel, 20 g Butter, Salz, Pfeffer

Das Fleisch in einem Topf mit leicht gesalzenem Wasser aufkochen. Zwiebel, Karotte, Lauch, Petersilie und einige Pfefferkörner zugeben und bei leichter Hitze in 1,5–2 Stunden garziehen. Beim Einstechen mit einer Fleischgabel soll das Fleisch leicht von dieser abrutschen.
Die Salzbohnen auf einem Sieb mit kaltem Wasser abspülen. Die Zwiebel in feine Würfel schneiden und in der Butter in einem Topf andünsten. Die Salzbohnen zugeben und mit Wasser bis zur halben Höhe angießen. Leicht salzen und pfeffern. Aufkochen lassen und zugedeckt so lange leicht kochen lassen, bis die Salzbohnen gar sind.
Das Fleisch in Scheiben schneiden und auf den Salzbohnen anrichten. Am besten mit Kartoffelpüree servieren.

Urgetreide aus dem Odenwald

Unter dem Titel „Nibelungenkorn“ werden Dinkel, Emmer und Einkorn nach besonderen Anbaukriterien im Odenwald angebaut. In einer Kooperation zwischen Landwirten, Mühlen und Bäckern gelingt es, die alten Sorten zu etablieren, die sich besonders für die Odenwälder Böden eignen. Auf Pestizide wird verzichtet, eine Düngung ist kaum notwendig und sie vertragen das regionale Klima besonders gut. Somit ergibt sich die Ursprünglichkeit und eine hohe ökologische Nachhaltigkeit. So kommt die Wertschöpfung direkt der Region und den beteiligten Akteuren zugute. Und es schmeckt auch noch richtig gut!

Odenwälder Schäferpfanne mit Dinkelnudeln

900 g Hackfleisch, Rapsöl, 600 g Wirsing (ohne Strunk und äußere Blätter), 3 Zwiebeln, 100 g Tomatenmark, $^1/_2$ l Bier, Salz, Pfeffer, gemahlene Nelke, 1 EL Paprika edelsüß, etwas Mehl zum Abbinden

900 g gekochte Dinkelnudeln, 2 EL Semmelbrösel, 30 g Butter, Salz, Pfeffer

Zwiebeln in feine Würfel schneiden und mit dem Hackfleisch in einem großen Topf in Rapsöl anbraten. Wirsing in Streifen schneiden, zugeben und so lange weiter braten, bis das Hackfleisch leicht braun wird. Das Tomatenmark zugeben und weiter dünsten. Wenn das Tomatenmark beginnt braun zu werden, Paprika und Nelke zugeben und würzen. Mit dem Bier und der gleichen Menge Wasser aufgießen. Einige Minuten kräftig kochen lassen, dann die Hitze reduzieren und noch ca. 20 Minuten leicht kochen. Mit in Wasser angerührtem Mehl etwas abbinden und nochmals abschmecken.

In einem größeren Topf Semmelbrösel in Butter leicht anrösten und die Nudeln daraufgeben. Würzen und beim Erhitzen öfters umrühren.

Nudeln
HERRNMÜHLE
Dinkel
Spiralen
Inhalt : 500 g
siehe Rückseite
06164 - 515253
BRAUHAUS
FAUST

Odenwälder Lammwochen

Alljährlich laden in der zweiten Junihälfte viele Odenwälder Gaststätten zu den „Odenwälder Lammwochen“ ein. Schafe und Lämmer gehören schon immer in die Kulturlandschaft des Odenwaldes. Eine artgerechte Fütterung mit überwiegend ganzjähriger Haltung auf den kräuterreichen Wiesen und eine ständige Bewegung der Tiere erzeugen eine hohe Fleischqualität mit einem würzigen Geschmack. Die verschiedenen Fleischteile stehen für eine Vielzahl von Verwendungsmöglichkeiten mit den unterschiedlichsten Gerichten. Der Kreativität sind da keine Grenzen gesetzt.

Lammkeule auf Wiesenheu gebraten

1 Lammkeule (ca. 1,5–2 kg mit Knochen), 3 Handvoll Wiesenheu, Salz, Pfeffer, Bratfett
0,5 l Grundsoße, 1 EL Zwiebelwürfel, 20 g Butter, 0,2 l Rotwein, 1 Zweig Rosmarin, Stärke, Salz, Pfeffer

Die Lammkeule ausbeinen und Sehnen und Fett entfernen. Würzen, auf allen Seiten gut anbraten und in den Bräter mit Heu legen. Das Ganze bei 150 °C im Ofen garen. Man kann die Keule eher rosa servieren, dann die Temperatur nach 1 Stunde auf 100 °C absenken. Dann noch 30–45 Minuten weiter garen. Soll die Keule richtig weich sein, beträgt die Garzeit bei 150 °C ca. 1,5–2 Stunden.

Die Rosmarinnadeln fein hacken und mit den Zwiebelwürfeln in Butter andünsten. Mit dem Rotwein ablöschen und um die Hälfte einkochen lassen und mit Grundsoße auffüllen. Jetzt bis zur gewünschten Konsistenz einkochen lassen. Eventuell mit etwas Stärke abbinden. Kurz vor dem Anrichten mit Salz und Pfeffer abschmecken.

Dazu schmeckt sehr gut ein Kartoffelgratin, Spitzbuwe oder Kartoffeltaler sowie frisches Gemüse der Jahreszeit.

Zur traditionellen Herbstküche gehören Großgeflügel wie Ente und Gans, die jetzt ihre hauptsächliche Schlachtzeiten haben. Deren Zubereitung stellt immer einigen Aufwand dar, so dass diese eher in die Kategorie Sonntagsbraten gehören. Dazu wird meist Kohlgemüse wie Rosenkohl, Rotkohl oder Wirsing gereicht. Wichtig dabei ist eine gute Soße, die mit verschiedenen Kloßzubereitungen, wie z. B. Kartoffelklöße, Spitzbuwe oder Weckklößen, aufgetunkt werden kann.

Geschmorte Entenkeule in Preiselbeersoße und Spitzbuwe

6 Entenkeulen, 50 g Rapsöl, 200 g Röstgemüse (Zwiebeln, Karotten, Sellerie, Lauch), 50 g Tomatenmark, 0,2 l Rotwein, Pfefferkörner, Wacholderbeeren, Lorbeerblatt, 100 g Preiselbeerkompott

Entenkeulen würzen und im heißen Rapsöl gut anbraten. Herausnehmen und das Röstgemüse in den Bräter geben. Ist dieses gut angebraten, das Tomatenmark und die Gewürze zugeben und weiter dünsten. Ist alles schön braun, mit Rotwein ablöschen. Entenkeulen nun wieder hineinsetzen. Mit Wasser auffüllen, sodass die Keulen halb bedeckt sind, und abschmecken. Im Ofen bei 150 °C ca. 1–1,5 Stunden garen. Die Keulen herausnehmen und warm stellen. Die Soße am besten mit einem Pürierstab durchmixen und durch ein feines Sieb drücken. Das Preiselbeerkompott zugeben, aufkochen lassen und abschmecken. Eventuell noch mit etwas Stärke abbinden.

0,8 kg Pellkartoffeln, 2 Eier, ca. 3 EL Stärke, ca. 60 g Mehl, Salz, Muskat, 50 g Butter

Die Pellkartoffeln auf einer Reibe fein reiben. Mit Eiern, Mehl, Stärke, Salz und Muskat verkneten. Daraus die Spitzbuwe in Fingerform formen. Diese in Salzwasser kochen. In kaltem Wasser kurz abschrecken. Zum Anrichten in einer Pfanne mit etwas Butter leicht anbraten.
Als Gemüse passt gut dazu Rosenkohl, Brokkoli, Rotkraut, geschmortes Wurzelgemüse und Wirsing.

Odenwälder Lebkuchen
450 g Honig mit 0,1 l Wasser erwärmen und flüssig werden lassen. 400 g Roggenmehl und 600 g Weizenmehl mit 20 g Lebkuchengewürz und 20 g Natron mischen und mit dem Honig zu einem Teig verkneten. Der Teig ist und bleibt sehr klebrig. Eventuell noch etwas mehr Mehl dazugeben. Den Teig in einer Schüssel 1–3 Tage reifen lassen, damit sich die Aromen der Gewürze besser verteilen. Den Teig dann ausrollen. Man kann ihn nun mit einer Herzform ausstechen. Gebacken wird bei 160–170 °C ca. 15–20 Minuten.
Tipp: Backtemperatur und Backzeit muss man austesten. Die Lebkuchen dürfen beim Backen nicht hart werden.

Gänsebraten mit Lebkuchen und Esskastanien

1 Gans ca. 4,5 kg, Salz, Pfeffer, Beifuß, Majoran, 300 g Esskastanien, gegart und geschält, 300 g Odenwälder Lebkuchen, 3 Äpfel

Lebkuchen in Würfel schneiden, die Äpfel ebenfalls. Dieses mit den Esskastanien und den Kräutern vermischen. Die Gans auswaschen und trocken machen. Mit Salz und Pfeffer würzen und mit der Füllung füllen. Die Gans in einen entsprechenden Bräter setzen und mit 1 Liter Wasser angießen. Bei 180 °C in den Ofen schieben. Nach ca. 1,5 Stunden sollte das Wasser verdampft sein, eventuell noch einmal nachgießen. Danach soll die Gans bei trockener Hitze knusprig braten. Entweder Temperatur erhöhen oder den Dampfabzug ganz öffnen. Ist die Gans größer, muss die Temperatur reduziert und die Garzeit verlängert werden. Die Gans herausnehmen, zerteilen und auf einer Platte anrichten.
Traditionell gibt es dazu Rotkraut und Kartoffelklöße.

Apfelwein ist DAS Odenwälder Traditionsgetränk. Schon Kaiser Karl der Große ließ um 800 in der „capitulare de villis“ für seine Königsgüter die Herstellung von Lebensmitteln, auch für Apfelwein, festlegen – die erste urkundliche Erwähnung von Apfelwein. Für den Odenwälder war er früher das Alltagsgetränk, das auch bei der Feldarbeit den Durst löschte. Und natürlich passt der Apfelwein auch zu den typischen Odenwälder Speisen wie Handkäs', Hausmacher Wurst, Lakefleisch oder Ebbelwoi-Hinkelsche, aber auch ebenso zu moderneren Gerichten. Jeder konnte und kann Apfelwein selbst herstellen und immer schmeckt anders. Erfrischend und fruchtig, sicher auch manchmal etwas säurebetont, ist er ein besonders bekömmliches Getränk mit Charakter.

Odenwälder Ebbelwoihinkelsche

6 Hähnchenbrüste oder -keulen oder gemischt, 2 kleine Zwiebeln, 150 g Karotten, 100 g Sellerie, 100 g Lauch, 2 Äpfel, 2 EL Tomatenmark, 0,6 l Apfelwein, Rapsöl, Butter, Salz, Pfeffer

Das Gemüse in gleichmäßige Würfel schneiden (etwa 1 oder 2 cm). Das Hähnchenfleisch würzen und in einen Bräter in Rapsöl und Butter anbraten. Wieder herausnehmen und das Gemüse in den Bräter geben. Dieses unter ständigem Rühren bräunen. Dann Tomatenmark zugeben und ebenfalls braun werden lassen, sehr oft rühren. Ab und zu etwas Wasser angießen und wieder verkochen lassen. Das vereinfacht den Bräunungsprozess. Sobald es braun genug ist, das Fleisch wieder dazugeben und mit dem Apfelwein übergießen. Die Gewürze in einem Beutel oder Tee-Ei in die Soße geben und diese mit Salz und Pfeffer würzen. Entweder den Bräter zudecken und kochen lassen oder ohne Deckel in den vorgeheizten Backofen bei 150 °C schieben. Wenn das Fleisch gar ist, herausnehmen und die Soße fertig machen. Eventuell die Soße noch etwas einkochen lassen oder mit in kaltem Wasser angerührter Speisestärke abbinden.
Als Beilage eignen sich hervorragend Kartoffelspatzen.

Apfel

Nudeln gehören in der Odenwälder Küche eher zu den Besonderheiten, denn das Mehl dafür musste man kaufen. Und Nudeln ohne die heute verfügbaren Gerätschaften herstellen, war schon ziemlich aufwendig. Sie erfreuten sich aber immer einer großen Beliebtheit, denn damit lässt sich gut die Soße auftunken. Gerne wurden die Nudeln auch als Süßspeise, z. B. mit gekochtem Dörrobst und gezuckerten Butterbröseln, gegessen. Heute gibt es einige Produzenten, die Nudeln aus regionalem Getreide und Odenwälder Eiern herstellen.

Hähnchenragout in Kochkäs'soße mit Dinkelnudeln

900 g gekochte Dinkelnudeln, 6 Brüste vom Bauern-Hähnchen, 60 g Butter, 6 EL Zwiebelwürfel, 300 g frische braune Champignons, 0,4 l Apfelwein, 200 g Schmand, 200 g Kochkäs', Salz, Pfeffer

Von den Hähnchenbrüsten Haut und Knochen entfernen. Das Fleisch in Streifen schneiden. Die Champignons waschen und vierteln. Diese mit den Zwiebelwürfeln in der Butter andünsten, das Fleisch dazugeben und ebenfalls andünsten. Dabei mit Salz und Pfeffer würzen. Dann mit Apfelwein ablöschen und ca. 5 Minuten kräftig kochen lassen. Den Schmand zugeben, aufkochen und abschmecken. Wenn das Fleisch gar ist, die Nudeln zugeben und gut vermischen. Kurz vor dem Anrichten den Kochkäs' unterheben.

Die vielseitige Knolle Kartoffel
Dass man sich in einer Region, in der viele traditionelle Gerichte von und mit Kartoffeln hergestellt werden, intensiver mit diesem Produkt beschäftigt, liegt auf der Hand. Zum einen hat sich dadurch die Kartoffelzucht Böhm auf dem Kohlbacherhof bei Brensbach entwickelt. Zum anderen nutzt man die Eigenschaften der verschiedenen Sorten, um der Jahreszeit oder der Verwendung entsprechend, die geeigneten Kartoffeln zur Verfügung zu haben.

Pellkartoffeln mit Schnittlauchquark

Für 6 Personen

1,5 kg kleine festkochende Kartoffeln, 900 g frischer Quark 20 %, etwas Milch, 1–2 Bund Schnittlauch, Salz, Pfeffer

Die Kartoffeln gut waschen und in leicht gesalzenem Wasser garkochen. In der Zwischenzeit den Quark mit etwas Milch glattrühren und mit Salz und Pfeffer würzen. Den Schnittlauch in feine Röllchen schneiden und fast alles unter den Quark mischen. Den restlichen Schnittlauch über den angerichteten Quark streuen. Die Kartoffeln ungeschält anrichten. Wer die Kartoffeln gerne geschält auf den Tisch bringen möchten, kann das selbstverständlich tun.
Wer mag, kann noch fein gewürfelte Zwiebeln zum Schnittlauchquark geben.

Odenwälder Käse

Die Weiterverarbeitung der Milch beschränkte sich früher hauptsächlich auf Schichtkäse und Handkäse. Erst in neuerer Zeit werden auch andere Käsesorten hergestellt. Neben dem größten Produzenten Molkerei Hüttenthal gibt es noch einige Hofkäsereien. Jeder macht hier seine Spezialitäten, so dass eine große Bandbreite an verschiedenen Käsesorten verfügbar ist – je nach Jahreszeit. Die Kühe sind weitgehend auf der Weide, so dass die kräuterreichen Wiesen ihre geschmacklichen Eindrücke an den Käse weitergeben.

Kartoffelspatzen mit Äpfeln, Zwiebeln und geraspeltem Käse

400 g Mehl, 4 Eier, Wasser, 0,3 kg Pellkartoffeln, Butter, 2 mittelgroße Äpfel, 2 Zwiebeln, Salz, Muskat, Pfeffer, 300 g Odenwälder Schnittkäse, Schnittlauch

Mehl in eine Schüssel mit den Eiern, etwa 0,1 l Wasser, die geriebenen Pellkartoffeln und den Gewürzen geben. Die Masse wird vorsichtig mit einer Hand vermengt und dann kräftig durchgeschlagen, bis der Teig glatt ist und Blasen wirft.
Die Spatzen werden von einem Spätzlebrett mit einer Palette in kochendes Salzwasser geschabt. Es muss einmal kräftig aufkochen und dann einige Minuten ziehen lassen. Dann nimmt man die Spatzen mit einem Schaumlöffel heraus in kaltes Wasser. Die Spatzen werden in ein Sieb geschüttet und mit kaltem Wasser abgespült. Wenn man kein Spätzlebrett hat, kann man auch mit einem Esslöffel den Teig abstechen und in das kochende Wasser geben. Die Spatzen werden in einer Pfanne in Butter angeschwenkt. Zeitgleich werden die Zwiebeln geschält und in Streifen geschnitten und in einer zweiten Pfanne mit etwas Butter angeschwitzt. Die Äpfel werden geviertelt, das Kerngehäuse entfernt und in Scheibchen geschnitten. Dazugeben und noch etwas braten lassen. Mit den Spatzen vermischen und anrichten. Den Käse darüberhobeln und mit Schnittlauchröllchen bestreuen. Dazu schmeckt hervorragend eine Champignonrahmsoße.

Auch die Kartoffelpfannkuchen gehören zu den traditionellen Gerichten der kalten Jahreszeit. Wenn diese auf dem Holzherd gebraten wurden, wärmte dieser gleichzeitig die Räume. Üblicherweise gab es dazu Apfelbrei oder anderes eingemachtes Obst. Gerne wurden die Kartoffelpfannkuchen auch zu einer dicken Kartoffel- oder Gemüsesuppe gegessen.

Kartoffelpfannkuchen mit Apfelbrei

2 kg Kartoffeln, 300 ml Milch, ca. 240 g Mehl, 4 Eier. 1 kleine Zwiebel, Salz, Muskat

Das Mehl mit Milch glattrühren. Eier dazugeben. Die Kartoffeln fein reiben und unter den Teig mischen. Es kann sein, dass noch etwas Mehl dazu muss. Mit Salz und Muskat würzen. In einer heißen Pfanne mit Rapsöl knusprig backen.

900 g Äpfel, ca. 200 ml Wasser, Zucker nach Geschmack, $^{1}/_{2}$ TL gemahlener Zimt

Die Äpfel schälen, vierteln und das Kerngehäuse entfernen. In einen Topf geben und mit dem Wasser angießen. Zunächst etwas 100 g Zucker und den Zimt zugeben und kräftig durchkochen lassen. Mit einem Schneebesen glattrühren. Abschmecken und eventuell noch etwas Zucker zugeben.

Erdbeeren sind das beliebteste Odenwälder Sommerobst. So waren zeitweise große Ackerflächen mit Erdbeeren bepflanzt, womit vor allem die umliegenden Städte beliefert wurden. Auch heute noch werden größere Erdbeerfelder angelegt, hauptsächlich zur Selbsternte. Neben den üblichen Erdbeerkuchen und Erdbeermarmelade gibt es eine ganze Menge an leckeren Zubereitungen von und mit Erdbeeren.

Erdbeersüppchen mit Basilikumeis

600 g Erdbeeren, 90–100 g Zucker, etwas Weißwein
125 g Zucker, 4 Eigelbe, 200 g Milch, 200 g Sahne, $^{1}/_{2}$ Bund Basilikum, geröstete Nüsse, geschlagene Sahne

Die Erdbeeren mit Zucker und Weißwein mit dem Mixstab pürieren. Zucker nach Geschmack bzw. Süße der Erdbeeren nehmen. Mit dem Weißwein die Konsistenz einstellen. Das Süppchen soll schon etwas dickflüssig sein.
Basilikumblättchen abzupfen und mit 2–3 EL Milch fein pürieren.
Zucker und Eigelbe in einem Kessel schaumig rühren. Die restliche Milch zugeben und auf einem Wasserbad heiß aufschlagen, bis die Creme Bindung bekommt. Den Kessel in kaltes Wasser setzen und die Creme kalt werden lassen. In der Zwischenzeit die Sahne steif schlagen und diese mit dem Basilikumpüree unter die kalte Creme heben. In eine Schüssel umfüllen und gefrieren lassen.
Das Erdbeersüppchen in einem tiefen Teller oder einer Schale anrichten. Aus dem Eis Bällchen oder Nocken formen und diese mit den gehackten Nüssen auf dem Erdbeersüppchen anrichten. Einen Tupfer geschlagene Sahne dazu, eine Spitze Pfefferminze und eine kleine Hippe.

Da die Kartoffel in der Odenwälder Küche immer eine große Rolle spielt, entwickelten sich auch neue und moderne Rezepte, wie hier das Kartoffeleis. Dieses lässt sich als Grundmasse noch mit vielen anderen Zutaten wie Gewürzen (Zimt, Lebkuchen), Nüssen, Minze, Dörrobst, Likören oder Schokolade ergänzen.

Kartoffeleis mit marinierten Beeren

125 g Pellkartoffeln, 100 g Joghurt, 100 g Quark 40 %, 150 g Zucker, 0,15 l Sahne, 50 g Kürbiskerne, etwas abgeriebene Zitronenschale

Die Kürbiskerne in einer trockenen Pfanne leicht anrösten, abkühlen lassen und klein hacken. Die Pellkartoffeln mit Quark, Joghurt, Zitronenschale und Zucker im Mixer pürieren. Diese Masse dann durch ein feines Sieb streichen. Die Sahne steif schlagen und mit den Kürbiskernen unter die Kartoffelmasse heben. In eine Form füllen und einfrieren.

300 g Beeren (Himbeeren, Brombeeren, Johannisbeeren, Stachelbeeren u. ä., 0,1 l Rotwein, 1 TL Stärke, Zucker, Zimt, 5 cl Orangensaft

Rotwein mit Zimt, Orangensaft und 1–3 EL Zucker aufkochen. Mit der in etwas Wasser angerührten Stärke abbinden und gut durchkochen lassen. Jetzt die Beeren zugeben und nicht mehr kochen lassen. Eventuell noch etwas Zucker zugeben. Kalt werden lassen.
Die kalten Beeren anrichten und das Eis daraufsetzen.

Der Odenwald – das Land des Apfels

Das im Odenwald am meisten angebaute Obst ist der Apfel. Das Klima des Odenwaldes eignet sich dafür besonders gut, was fast immer zu einem ausreichenden Ertrag führt. Von alters her waren das alles hochstämmige Bäume, so dass die Wiese oder Ackerfläche darunter auch genutzt werden konnte. Viele alte Apfelsorten haben hier noch Bestand: Rheinischer Bohnapfel, Schafsnase, Goldparmäne, Boskop, Prinzenapfel, Gewürzluike, Sternrenette, Graurenette und wie sie alle noch heißen. Je nach Sorte werden die Äpfel unterschiedlich genutzt. Viele eignen sich besonders gut zum Keltern, manche zum Backen und Kochen oder zum Einlagern über Winter. So kann man lange Zeit von der Ernte zehren.

Apfelküchle mit Apfelweinschaum

0,35 l Milch, 0,2 kg Mehl, 3 Eier, 4 EL Zucker, Zimt, 3 Äpfel, Rapsöl, Butter
2 Eigelbe, 60 g Zucker, $^{1}/_{8}$ l Apfelwein

Milch und Mehl glattrühren. Eier, Zimt und Zucker zugeben und wieder glattrühren. Die Äpfel schälen, das Kerngehäuse ausstechen und in ca. 1 cm dicke Scheiben schneiden. Die Apfelscheiben durch den Teig ziehen und die Küchle in einer heißen Pfanne mit Rapsöl und etwas Butter von beiden Seiten goldbraun braten.

Die Eigelbe mit dem Zucker gut schaumig rühren. Apfelwein zugeben und im Wasserbad heiß aufschlagen, bis der Schaum eine dickflüssige Konsistenz erreicht.

Butterstreusel, egal auf welchem Kuchen – damit kann man alle Kinder begeistern. So wird auch versucht, die Streusel auf alle möglichen Kuchen zu bringen, so wie hier beim Käsekuchen.
Streusel: 200 g Mehl, 100 g Zucker, 90 g weiche Butter, Vanillezucker
Für die Streusel alles in einer Schüssel vermischen und den Teig mit beiden Händen zu Streusel verrebbeln. Diese auf dem Käsekuchen verteilen.

Käsekuchen mit Butterstreusel

Für 1 Kuchen
Teig: 225 g Mehl, 1 $^1/_2$ TL Backpulver, 100 g Zucker, 3 Eigelbe, 100 g weiche Butter
Käsemasse: $^1/_2$ l Milch, 2 Pack Vanillepudding, 200 g Zucker, 750 g Quark 20 %, Schalenabrieb und Saft von 1 Zitrone, 3 Eiklar

Mehl, Backpulver und Zucker in einer Schüssel vermischen. Eigelbe und Butter dazugeben und einen glatten Teig kneten. Den Teig zugedeckt 1 Stunde zur Seite stellen. Dann eine runde Backform mit Butter einstreichen und mit Semmelbröseln ausstreuen. $^2/_3$ des Teiges zu einem runden Teigboden ausrollen und in die Form legen. Den restlichen Teig zu einer Wurst rollen, diese komplett an der Wand der Form entlanglegen und mit dem Daumen hochdrücken.
Das Puddingpulver mit etwa 50 ml Milch glattrühren. Die restliche Milch mit Zucker und dem Schalenabrieb aufkochen. Das aufgerührte Puddingpulver auf einmal in die kochende Milch geben und schnell verrühren. Unter ständigem Rühren gut durchkochen. Den Topf vom Herd nehmen und Quark und Zitronensaft unterrühren. Das Eiklar sehr steif aufschlagen und ebenfalls unter die Masse heben. Dann in die Kuchenform füllen und glattstreichen.
Den Käsekuchen im vorgeheizten Backofen bei 150 °C ca. 80 Minuten backen. Zum Schluss eventuell die Temperatur etwas erhöhen. Den Kuchen auskühlen lassen und vor dem Servieren mit Puderzucker bestreuen.

Die Odenwälder Süßmäuler sind immer gerne für einen frisch gebackenen Obstkuchen zu haben. Der Apfelkuchen geht natürlich immer. Aber auch anderes Obst wie Birnen, Zwetschgen, Mirabellen oder Kirschen sind schöne Alternativen, sodass es rund ums Jahr genügend Abwechslung gibt. Dieser schmeckt besonders gut, wenn er frisch gebacken und noch etwas warm ist.

Versunkener Apfelkuchen

9 Eier, 500 g Zucker, 500 g Mehl, 1 TL Backpulver, 500 g Butter, Schalenabrieb von $^1/_2$ Zitrone, Butter und Semmelbröseln für die Form, 3–4 Äpfel, Puderzucker

Zunächst die Eier und den Zucker in einer größeren Schüssel schaumig rühren. Darauf Mehl und Backpulver sieben. Die leicht flüssige Butter und den Zitronenschalenabrieb dazugeben und alles gut vermischen. Die Backform mit Butter einstreichen und gut mit Semmelbröseln ausstreuen. Den Teig darin verteilen und glattstreichen. Die Äpfel schälen, vierteln und das Kerngehäuse ausschneiden. Die Apfelviertel fächerförmig einschneiden und gleichmäßig verteilt in den Teig setzen. Im vorgeheizten Ofen ca. 30 Minuten bei 170 °C backen. Der Kuchen soll schön goldbraun sein. Zum Servieren mit Puderzucker bestäuben.

Kräppel sind in schwimmendem Fett gebackene Hefeteigteilchen, die ursprünglich geschnitten wurden und die es eigentlich nur in der Fastnachtszeit gab. Das Wichtigste ist, dem Teig genügend Zeit zum Gehen zu geben. Nur dann bekommt der Teig Volumen und Lockerheit, damit die Kräppel beim Backen gut schwimmen. So erst erhalten sie den charakteristischen weißen Ring in der Mitte.

Odenwälder Kräppel

Für 12–15 Kräppel
500 g Mehl, 25 g Hefe, ca. 0,2 l Milch, 70 g weiche Butter, 70 g Zucker, 1 Prise Salz, 2 Eier

Das Mehl in eine Schüssel sieben und in der Mitte eine Vertiefung machen. In diese die Hefe bröckeln. Mit der lauwarmen Milch (max. 32 °C) auflösen und mit etwas Mehl bestäuben. Mit einem Tuch abdecken und warm stellen. Die Butter mit Zucker, Salz und Eier cremig rühren und nach einer $^1/_4$ Stunde zum Teig geben. Alles zusammen gut verkneten. Wieder in die Schüssel geben, mit Mehl bestäuben, abdecken und warm stellen.
Für die geschlitzten Kräppel den Teig in Bahnen ca. 2 cm dick ausrollen (ca. 10 cm breit). Mit einem Messer rautenförmige Teigstücke abschneiden. In diese mit einem Messer in der Mitte einen Schlitz schneiden.
Für die runden Kräppel 80 g schwere Teigstücke abschneiden. Diese auf einem Brett mit der hohlen Hand rund rollen.
Die Kräppel auf ein bemehltes Tuch legen. Die Geschlitzten dabei etwas auseinanderziehen, so dass der Schlitz breiter wird. Die Kräppel mit einem Tuch abdecken und an einem warmen Ort gehen lassen.
Fett in einer Fritteuse oder hohem Topf heiß werden lassen und darin die Kräppel von beiden Seiten knusprig backen. Auf Küchenkrepp abtropfen lassen. Die „Geschlitzten" werden nicht gezuckert. Die runden Kräppel in Zucker wenden.

Eines der traditionellsten Gebäcke der Advents- und Weihnachtszeit ist der Stollen. So gut wie jede Familie hatte dafür ihr spezielles Rezept. Insbesondere wurde um die Gewürze ein großes Geheimnis gemacht. Wohl immer dazu gehören Zimt, Nelke, Piment, Macis und Ingwer.

Herbstfrüchte-Stollen

Für 1 Stollen
Für Vorteig: 100 g Mehl 405, 25 g Mehl 550, 20 g Hefe, 75 g Wasser
Für Teig: 125 g Mehl 405, 125 g Butter, 30 g Zucker, 30 g Marzipan, 4 g Salz
$^1/_2$ TL Spekulatiusgewürz, $^1/_4$ TL Lebkuchengewürz, ½ TL Vanille-Zucker, Saft und Schale von einer $^1/_2$ Limone, 300 g getrocknete Früchte (Äpfel, Pflaumen, Aprikosen), 75 g Nüsse (Mandeln, Haselnüsse, Wallnüsse), 60 g Apfelbrand, 60g Apfelsaft
Nach dem Backen: 200 g Butter, 1 kg Zucker

Am Vortag Früchte klein schneiden und in Apfelbrand und Apfelsaft einlegen.
Für den Vorteig in einer Schüssel die Hefe in handwarmem Wasser lösen und mit dem Mehl verkneten. Den Teig ca. 15 Minuten an einer warmen Stelle abgedeckt gehen lassen.
Für den zweiten Teig Zucker, Marzipan, Salz, Butter, Nüsse und Gewürze vermischen. Mehl zugeben und zu einem glatten Teig verkneten.
Nun beide Teige miteinander verkneten und nochmals abgedeckt gehen lassen, bis er etwa das doppelte Volumen erreicht.
Die Fruchtmischung vorsichtig mit dem Teig verkneten. Die Teigmasse nun zu einem Stollen formen und auf einem gefetteten Blech, abgedeckt, nochmals ca. 20 Minuten gehen lassen.
Den Ofen vorheizen auf 190 °C und den Stollen hineingeben. Nach 15 Minuten den Ofen auf 170 °C zurückdrehen und weitere 50 Minuten backen. Wichtig ist, die letzten 30 Minuten bei geöffnetem Zug backen.
Wenn der Stollen fertig ist, sofort gut mit flüssiger Butter bestreichen und in grobem Zucker wenden. Der nicht anhaftende Zucker fällt ab.

Inhalt

Die Rezepte sind, wenn nicht anders angegeben, für vier Personen berechnet.
Alle Rezepte und Tipps sind mit Sorgfalt ausgewählt und geprüft. Eine Haftung des Verlages und seiner Beauftragten für Schäden an Personen, Sach- und Vermögensgegenständen ist ausgeschlossen.

Alle Abbildungen von Manfred Giebenhain, außer:

Armin Treusch (Seiten 12, 14, 18, 38, 39, 40, 48, 63, 67, 68, 70, 78, 86 und 90), Rudolf Schuldes (82), Ernst Wrba (2) und Paavo Blåfield, Copyright HA Hessen Agentur GmbH (94/95), pexels.com (20, 58).

Bibliografische Information der Deutschen Nationalbibliothek

Die Deutsche Nationalbibliothek verzeichnet diese Publikation in der Deutschen Nationalbibliografie; detaillierte bibliografische Daten sind im Internet über http://dnb.dnb.de abrufbar.

Gesamtherstellung: Husum Druck- und Verlagsgesellschaft
Postfach 1480, D-25804 Husum – www.verlagsgruppe.de
ISBN: 978-3-96717-024-5